RÉPUBLIQUE FRANÇAISE

MINISTÈRE DE LA GUERRE

5 JUILLET 1913

CAHIER DES CHARGES COMMUNES

AUX ENTREPRISES DE

FABRICATION DE CONSERVES DE VIANDE

DITES « BOEUF ASSAISONNÉ »

EN CAS DE MOBILISATION

Mis à jour au 19 mai 1924.

CHARLES-LAVAUZELLE & Cⁱᴱ

Éditeurs militaires

PARIS, Boulevard Saint-Germain, 124

LIMOGES, 62, Avenue Baudin | 53, Rue Stanislas, NANCY

RÉPUBLIQUE FRANÇAISE.

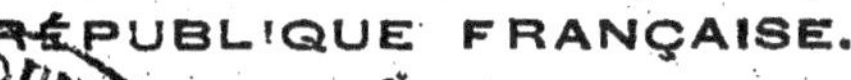

MINISTÈRE DE LA GUERRE.

Direction de l'Intendance militaire; Bureau des Vivres. — N° 102.

Cahier des charges communes aux entreprises de fabrication de conserves de viande dites « bœuf assaisonné » en cas de mobilisation.

Documents abrogés : *Néant.*

Paris, le 5 juillet 1913.

ART. 1er. — Objet du marché.

Le service consiste à fabriquer, avec du bétail sur pied (1), fourni par l'administration, des conserves de viande préparées dans des conditions spécifiées au présent cahier des charges, en y affectant les locaux et le matériel énumérés dans la convention particulière à chaque entreprise.

ART. 2. — Documents régissant le marché.

Les conditions d'exécution du marché sont régies :

Par le cahier des clauses et conditions générales du 16 février 1903 (2) ;

Par l'instruction relative aux marchés du Département de la guerre du 6 juillet 1909, titres V, VI (3) ;

Par le présent cahier des charges communes.

ART. 3. — Importance du service à assurer.

L'importance du marché est déterminée par la convention éventuelle.

---

(1) Si des circonstances spéciales font qu'il soit préférable de livrer à l'entrepreneur de la viande abattue, au lieu de bétail vivant, la convention éventuelle spécifiera les dérogations de détail à apporter au cahier des charges.

(2) Remplacé par le cahier des clauses et conditions du 1er août 1921, vol. 25-1.

(3) Remplacé par l'instruction du 21 novembre 1921, vol. 25-1.

1

ART. 4. — **Charges de l'entreprise** (1).

L'administration fournira gratuitement à l'entrepreneur le bétail sur pied ; elle lui fournira également, en principe, les boîtes métalliques et l'étain nécessaire pour la fermeture, ainsi que les caisses d'emballage; toutefois, ces divers récipients et matières pourront être fournis par l'entrepreneur, en totalité ou en partie; cette fourniture devra alors faire l'objet d'une convention éventuelle distincte de celle concernant le service de la fabrication des conserves.

Toutes les autres dépenses de transformation et de logement (combustibles, assaisonnement, emballage, salaires, etc...), incombent à l'entrepreneur. Si les circonstances le mettaient dans l'impossibilité de se procurer les matières premières ou la main-d'œuvre indispensables, il aurait recours au sous-intendant chargé de la surveillance de l'usine pour en faire assurer la fourniture par l'administration. En pareille hypothèse, l'entrepreneur subirait sur ses factures imputation du montant des prestations fournies par l'administration, évaluées suivant le tarif arrêté par le Ministre sur la proposition de la commission départementale d'évaluation des réquisitions.

Dans le cas où, en raison de l'emplacement de l'usine, il serait impossible de se loger à proximité, l'entrepreneur sera tenu de fournir une chambre à chacun des officiers de surveillance. Les conditions de cette location seront spécifiées dans la convention éventuelle.

ART. 5. — **Election de domicile du fournisseur.**

L'entrepreneur est tenu de faire élection de domicile au lieu d'exécution du marché ou de s'y faire représenter par un fondé de pouvoirs, faute de quoi les communications de l'administration seront valablement adressées à la mairie de cette localité.

ART. 6. — **Modèle des boîtes à employer.**

La conserve sera logée en boîtes contenant, sous la tolérance admise, 300 grammes de ce produit; ces boîtes seront du modèle indiqué à la notice A, paragraphe 16, annexée au présent cahier des charges.

---

(1) Les cahiers des charges des marchés de travaux publics ou de fournitures passés au nom de l'État, par adjudication ou de gré à gré, devront contenir des clauses par lesquelles l'entrepreneur s'engagera à observer les conditions suivantes. en ce qui concerne la main-d'œuvre de ces travaux ou fournitures, dans les chantiers ou ateliers organisés ou fonctionnant en vue de l'exécution du marché. (Voir le décret du 13 juillet 1923, *B. O.*, p. 2280.)

ART. 7. — Importance de la fabrication journalière.

La convention éventuelle fixe le minimum de fabrication journalière en boîtes de 300 grammes que l'entrepreneur est tenu de garantir. Ce minimum peut ne pas être le même pendant la saison chaude (1er mai-30 septembre) que pendant la saison froide (1er octobre-30 avril).

La fabrication ne comportera d'autres jours de repos que ceux autorisés par l'administration.

ART. 8. — Conditions de la fabrication des conserves.

En ce qui concerne le mode de fabrication de la conserve, ainsi que les conditions qu'elle doit remplir, l'entrepreneur devra se conformer aux indications des notices annexées au présent cahier des charges, dont toutes les dispositions sont obligatoires au même titre et au même degré que chacune des clauses et conditions dudit cahier des charges.

ART. 9. — Marche et surveillance de la fabrication.

Le décret de mobilisation générale rend la convention éventuelle exécutoire de plein droit. La fabrication commence à la date fixée par l'administration qui, toutefois, est tenue d'en informer l'entrepreneur au moins quatre jours à l'avance.

Les fonctionnaires de l'intendance exercent directement, ou au moyen du personnel placé sous leurs ordres ou mis à leur disposition, un contrôle permanent sur la fabrication; mais ce contrôle n'atténue en rien la responsabilité de l'entrepreneur.

Un vétérinaire militaire et un officier d'administration des subsistances sont attachés d'une manière permanente à chaque usine pour la surveillance de toutes les opérations de fabrication (1).

L'officier d'administration et le vétérinaire tiennent des registres conformes aux modèles annexés au présent cahier des charges.

L'entrepreneur est tenu de laisser contrôler par les agents de surveillance les divers poids et autres renseignements statistiques devant figurer sur ces registres et de leur donner tous les renseignements nécessaires pour la justification de l'emploi de la viande et des fournitures diverses remises par l'administration.

---

(1) Au cas où ces personnels manqueraient ou seraient indisponibles, l'administration de la guerre restera libre de désigner tous autres suppléants qu'elle jugera utiles.

Indépendamment de la surveillance locale, le Ministre prescrira des visites inopinées, effectuées par des délégués spéciaux, qui lui rendront compte de tous les détails de la fabrication et des défectuosités qu'elle pourrait comporter. Les délégués du Ministre, aussi bien que les agents de la surveillance locale, ont libre accès de jour et de nuit dans toutes les parties de l'établissement du fabricant et dans les locaux destinés à l'abatage.

Les agents de surveillance permanente, aussi bien que ceux du contrôle inopiné, ont le droit de prélever des échantillons des matières premières fournies par l'entrepreneur, ou des boîtes confectionnées. Ces prélèvements ne donnent lieu à aucune indemnité.

Art. 10. — Livraisons.

La convention spécifie le magasin où siègera la commission de réception. Le transport des conserves depuis l'usine jusqu'à ce magasin demeure à la charge de l'administration. Les conserves doivent être prêtes à être livrées trois jours après leur stérilisation.

Art. 11. — Réceptions.

Les conserves sont examinées par une commission désignée par le Ministre et comprenant toujours un médecin et un pharmacien.

Elle vérifie si les conserves présentées en livraison sont exactement conformes aux conditions du cahier des charges et des notices annexées.

Les expertises de réception viseront :

1° La parfaite stérilisation de la conserve;

2° La détermination des poids de la viande, du bouillon et de la graisse;

3° L'analyse chimique du bouillon;

4° Les qualités physiques et organoleptiques de la conserve, laquelle doit avoir été soigneusement préparée et doit remplir toutes les conditions fixées au présent cahier des charges, et notamment au paragraphe 15 de la notice A; on vérifiera, en particulier, la bonne exécution du parage, c'est-à-dire l'élimination complète des os, tendons, pelotes ou masses graisseuses apparentes, l'insuffisance manifeste du parage pouvant être une cause de refus.

Pour exécuter ces expertises et pour établir le décompte des livraisons, on se conformera aux indications de la notice C.

Le fournisseur peut assister aux opérations de la commission ou s'y faire représenter par un mandataire accrédité. Il peut se faire délivrer copie du rapport d'analyse.

L'état des caisses et l'emballage des boîtes sont vérifiés avec soin par l'officier d'administration de l'établissement réceptionnaire.

Les boîtes percées ou fuitées sont refusées.

Les boîtes ouvertes pour les épreuves de réception sont comprises dans la fourniture si celle-ci est admise.

Si la commission estime que les fournitures présentées ne remplissent pas toutes les conditions exigées par le présent cahier des charges, elle les refuse; le fournisseur est tenu de faire enlever les quantités refusées dans un délai de quarante-huit heures.

Les décisions des commissions sont sans appel.

Art. 12. — Rendement.

Le rendement assigné, c'est-à-dire la quantité de viande en quartiers allouée à l'entrepreneur pour la fabrication d'un quintal de conserve, sera spécifiée à l'avance dans la convention éventuelle ou déterminée pendant les premiers jours de la fabrication à la suite d'expériences contradictoires.

Le rapprochement entre les quantités de conserves produites par l'entrepreneur et celles qu'il aurait dû représenter, sera effectué d'après les données du carnet de fabrication portant compte d'emploi de la viande (modèle n° II) tenu par l'officier d'administration.

Pendant le cours de la fabrication, le sous-intendant comme l'entrepreneur ont d'ailleurs la faculté de provoquer la fixation d'un nouveau rendement à la suite d'une nouvelle expérience.

L'entrepreneur ne saurait mettre obstacle aux mesures jugées nécessaires par l'administration pour s'assurer que la totalité de la viande qui lui a été remise a été consacrée à la fabrication.

Art. 13. — Prix.

La convention spécifie le prix qui sera payé à l'entrepreneur pour chaque quintal de conserves en boîtes de 300 grammes reçu par la commission.

ART. 14. — **Responsabilité de l'entrepreneur. Pénalités.**

L'entrepreneur est responsable des denrées et du matériel qui lui ont été fournis gratuitement par l'administration. Si, avant leur emploi, des viandes sont rendues, du fait ou par défaut de soins de l'entrepreneur, impropres à la fabrication, imputation de leur valeur lui en est faite au prix spécifié par la convention.

A l'égard des boîtes reconnues fuitées après leur sortie de l'autoclave, l'entrepreneur ne subira aucune imputation tant que leur nombre ne dépassera pas deux pour mille sur l'ensemble de la fabrication. Il sera, par contre, tenu au remboursement (au prix fixé par la convention pour les boîtes vides) des boîtes fuitées au delà de cette proportion, si le fait n'est pas imputable à un vice propre à la boîte. Si, d'ailleurs, c'est l'entrepreneur de fabrication des conserves qui a fourni les boîtes, il ne sera pas admis à invoquer un vice propre à ces boîtes pour prétendre être exonéré de l'imputation.

Pour toute boîte refusée par la commission de réception, l'entrepreneur subit une imputation équivalente au total de la valeur du récipient et de la conserve qu'il contient. La valeur de chacun de ces éléments est appréciée d'après les prix spécifiés dans la convention pour le récipient et pour la viande fraîche en évaluant le poids de la conserve en viande fraîche d'après le rendement.

La même imputation est prononcée à l'égard des boîtes qui seraient reconnues bombées dans les magasins sédentaires de l'administration (y compris les stations-magasins) dans le délai d'un an après leur fabrication.

Cette imputation sera ajournée aussi longtemps que l'entrepreneur n'aura pas été invité à en constater le bien-fondé ou que des circonstances spéciales à l'état de guerre l'empêcheront de se rendre à la convocation.

Le recours aux sanctions de la loi du 1er avril 1905 sur la répression des fraudes et des falsifications est d'ailleurs formellement réservé en cas de malfaçons grossières et manifestes, même si elles ont échappé à la vérification de la commission de réception.

Les boîtes refusées seront restituées à l'entrepreneur en toute propriété, sauf, toutefois, celles qui pourraient être dangereuses, qui seront détruites.

Tant que le poids de la conserve contenue dans les boîtes de 300 grammes, apprécié dans les conditions spécifiées à la notice C, sera constaté au moins égal à 285 grammes, l'entrepreneur ne sera, de ce fait, passible d'aucune imputation. Si le poids de la conserve devenait inférieur à ce chiffre, l'entrepreneur subirait, au contraire, une imputation de 1 franc par kilogramme manquant sur chaque quintal.

Chaque fois que, du fait de l'entrepreneur, la fabrication n'atteindra pas le minimum fixé par l'article 7, l'entrepreneur subira une pénalité de 5 francs par quintal de conserve de différence. L'exonération pourra être prononcée par le sous-intendant en cas de force majeure dûment constaté.

Art. 15. — Interruption dans la fabrication.

Si, par suite d'irrégularité dans les livraisons du bétail ou des boîtes faites par l'administration, la fabrication se trouve interrompue, l'entrepreneur aura droit pour chaque jour d'interruption à une indemnité égale au salaire des ouvriers embauchés à titre permanent.

La durée d'interruption sera constatée par le sous-intendant militaire chargé de la surveillance de l'usine, dans un procès-verbal qui mentionnera, en outre, le montant exact de l'indemnité à allouer de ce fait à l'entrepreneur. Ce dernier devra, d'ailleurs, communiquer au sous-intendant tous les documents de comptabilité susceptibles de permettre la détermination du salaire journalier du personnel ouvrier.

Art. 16. — Cautionnement.

A titre de cautionnement et en garantie de l'exécution de ses obligations, l'entrepreneur subira sur ses premiers mandats d'acomptes une retenue s'élevant au dixième du montant total de la fourniture (1).

La mainlevée de ce cautionnement sera donnée dans les conditions suivantes :

1° Pour les neuf dixièmes après la dernière livraison;

2° Pour le dixième restant, lorsque l'entrepreneur sera complètement dégagé des garanties spécifiées à l'article 14.

---

(1) Le montant total de la fourniture sera calculé en appliquant le prix de fabrication au nombre de quintaux figurant à la convention, sans tenir compte de la majoration ou de la diminution.

ART. 17. — **Paiement.**

Le fournisseur est payé de ses livraisons sur la production d'une facture en deux expéditions, dont une timbrée. Cette facture est appuyée des pièces exigées par les règlements. Après vérification et arrêté, le sous-intendant militaire de la place de réception en ordonnance le montant en un mandat sur le Trésor, payable dans le département où se trouve cette place. Si la facture ne donne lieu à aucune observation, l'ordonnancement doit être fait dans les cinq jours qui en suivent le dépôt entre les mains du sous-intendant. Le fournisseur reçoit, sur sa demande, des acomptes jusqu'à concurrence des cinq sixièmes de la somme qui lui est due.

Toute pièce ou facture de dépense non produite dans le délai de quarante-cinq jours à compter de l'expiration du trimestre pendant lequel la dépense a été faite, donnera lieu, sans mise en demeure préalable, à l'imputation d'une somme de cinquante centimes par mille francs et par jour de retard.

L'administration militaire se réserve d'ailleurs le droit d'établir, d'office et aux frais du fournisseur, le décompte de la créance, passé le délai susfixé.

ART. 18. — **Liquidation des créances.**

Les décisions du Ministre portant liquidation d'une créance peuvent être réformées par lui dans le délai de deux mois, soit dans l'intérêt de l'Etat, soit dans celui des créanciers, pour cause d'erreurs matérielles, d'omissions, de faux ou doubles emplois. Lorsqu'il y a lieu à réclamation pour les causes ci-dessus, le délai de pourvoi devant le Conseil d'Etat court du jour de la notification de la décision intervenue sur ladite réclamation.

Paris, le 5 juillet 1913.

Par le Ministre de la guerre et par délégation :

Le Conseiller d'Etat, Secrétaire général,
Deloncle.

NOTICE A

sur les conditions de fabrication des conserves (du 1ᵉʳ octobre au 30 avril).

§ 1ᵉʳ. — Définition de la conserve.

La conserve doit être le produit intégral de la cuisson de la viande fraîche employée à sa préparation et renfermer tous les éléments constitutifs de cette viande, à l'exception des os, des tendons, des pelotes ou masses graisseuses apparentes, des écumes du bouillon et d'une certaine proportion d'eau, éliminés au cours de la fabrication.

En conséquence, la viande doit être convenablement parée; l'insuffisance manifeste du parage sera une cause de refus.

§ 2. — Dispositions générales.

Il est recommandé de se servir, pour la suspension des animaux à l'abattoir, des tinets en fer, lesquels peuvent être désinfectés spécialement à la flamme.

Les ustensiles portatifs employés à la manutention des viandes crues ou cuites (paniers, portoirs, crochets, etc., etc.), seront entièrement métalliques (tôle d'acier ou treillage galvanisés), de façon à se prêter à une désinfection journellement pratiquée. Les paniers ou corbeilles en osier, les récipients en bois ne doivent pas être utilisés.

Les tables de découpage en bois et les billots devront être chaque jour raclés et lavés avec une solution bouillante de carbonate de soude à 5 p. 100. Ces opérations devront être pratiquées immédiatement après la fin du travail journalier.

Les appareils de cuivre servant à la cuisson des viandes et au traitement du bouillon seront étamés à l'étain fin et maintenus en parfait état d'entretien.

Les bassines en fonte malléable ou en tôle d'acier, ainsi que les appareils de cette nature destinés à la cuisson à la vapeur pourront ne pas être étamés. Dans ce cas, ils devront être lavés à l'eau bouillante additionnée de carbonate de soude ou purifiés par afflux de vapeur après chaque cuisson. En aucun cas, les autoclaves ne devront servir à la cuisson des viandes.

Avant l'emplissage des boîtes, elles seront rincées à l'eau

chaude. Cette opération devra se faire sous un robinet et non dans un bac.

Bien entendu, après ce rinçage, les boîtes ne seront jamais essuyées, mais simplement égouttées.

Les entrepreneurs doivent se conformer strictement à toutes les mesures capables d'assurer la parfaite propreté de la fabrication. Toutes les opérations, surtout celles qui comportent la manutention des viandes, doivent être rigoureusement pratiquées dans des locaux propres, avec un outillage propre et par des ouvriers propres.

La propreté des locaux ne sera jamais obtenue par le balayage à sec, lequel est formellement interdit, mais bien par des lavages à grande eau, et de préférence à l'eau chaude, du sol et des parois. L'emploi d'antiseptiques est interdit pour les lavages des locaux et du matériel. L'outillage (couteaux, couperets, scies...) devra constamment être tenu dans le plus grand état de propreté.

Les ouvriers doivent être astreints à la plus grande propreté corporelle et à de fréquents nettoyages des mains; ils seront toujours pourvus, par les soins du fabricant, de vêtements de travail propres, tels que blouses ou bourgerons fermant au col. Chaque usine devra posséder un assortiment suffisamment complet d'effets de toile pour que les ouvriers puissent en changer chaque jour.

Une discipline hygiénique sévère doit être maintenue dans les ateliers.

Les déchets de la fabrication ne doivent jamais séjourner du jour au lendemain dans les parties de l'usine affectées au traitement des viandes.

L'entrepreneur est tenu de faire déposer les issues vénales dans un local isolé jusqu'à leur enlèvement par les soins de l'administration.

§ 3. — Remise des animaux à l'entrepreneur.

Au moment de leur remise à l'entrepreneur, les animaux sont revêtus d'un numéro d'immatriculation et pesés.

Inscription est faite immédiatement au registre d'immatriculation du numéro, du sexe et du poids vif de chacun d'eux.

Les animaux reconnus impropres ne doivent pas pénétrer dans l'usine.

§ 4. — Viande à employer.

En principe, l'abatage ne doit pas avoir lieu moins de douze heures après la remise du bétail à l'entrepreneur.

Sont exclus de la fabrication les abats, la tête, la jambe et le jarret coupés à dix centimètres au-dessus de l'extrémité inférieure du tibia et du radius.

Il est rigoureusement interdit à l'entrepreneur de distraire de la fabrication des conserves toute autre partie de la viande des animaux livrés par l'administration sous peine de poursuites judiciaires.

Il est également interdit d'introduire dans l'usine aucun bovidé autre que ceux fournis par l'administration.

§ 5. — Examen de la viande abattue.

Le vétérinaire assiste à toutes les phases de l'habillage et tient la main à leur bonne exécution. Il estampille les quartiers qu'il juge propres à la fabrication. Il veille à la destruction des autres.

Inscription du poids des uns et des autres est faite sur le registre d'immatriculation, en face du numéro de l'animal corres-pondant, pour faire ressortir la quantité de viande dont l'entrepreneur aura à justifier l'emploi.

Si la pesée de la viande était faite moins de douze heures après l'abat, le poids mentionné sur le registre et pris en charge par l'entrepreneur serait diminué d'une quantité variable, suivant l'intervalle écoulé, la température, etc..., sans jamais que cette réduction fût supérieure à 3 p. 100 du poids résultant de la pesée.

Dans les cas où il serait matériellement impossible de faire usage d'une tuerie particulière et où les animaux seraient sacrifiés à l'abattoir municipal, les plus grandes précautions devront être prises pour le transport des quartiers de viande abattue; ces transports présentent toujours des inconvénients qu'il importe de réduire dans la mesure du possible. En conséquence, le transport devra être effectué dans des voitures fermées, organisées de manière à permettre une aération suffisante tout en maintenant la viande à l'abri de la pluie, des poussières et de la vue; ces voitures devront être pourvues d'un revêtement métallique intérieur et seront constamment maintenues en parfait état de propreté; les quartiers devront toujours y être suspendus et jamais empilés les uns sur les autres, même pour de courts trajets.

§ 6. — Matériel remis gratuitement à l'entrepreneur par l'administration.

L'entrepreneur sera responsable vis-à-vis de l'Etat du matériel qui lui sera remis gratuitement par l'administration. Il est tenu d'en laisser contrôler le bon emploi. En cas de perte ou de mise hors de service de ce matériel, par le fait de l'entrepreneur, celui-ci subira l'imputation de sa valeur au prix fixé par la convention éventuelle.

Ne lui seront cependant pas imputées les boîtes métalliques mises hors de service au cours des épreuves de vérification strictement indispensables à la conduite de la fabrication.

Opérations principales de la fabrication. — La fabrication de la conserve comporte les opérations principales ci-après qui sont obligatoires.

§ 7. — Traitement de la viande crue.

Pour le refroidissement, les demi-bœufs et les quartiers seront suspendus et suffisamment espacés pour ne pas arriver au contact.

La viande est complètement désossée, puis coupée en morceaux du poids de 500 grammes au maximum. Elle peut être alors plus ou moins débarrassée de la graisse et des parties tendineuses, sans que cette opération soit à ce moment obligatoire, le parage définitif de la viande n'étant exigé qu'après le blanchiment.

Elle ne devra jamais avoir plus de vingt-quatre heures d'abatage au moment du blanchiment.

Toutefois, dans les cas particuliers où quelque tolérance est pratiquement indispensable, les vétérinaires pourront, sur la demande du fournisseur et aux risques et périls de celui-ci, autoriser certaines dérogations à l'observation du délai ci-dessus.

§ 8. — Cuisson préliminaire ou blanchiment.

Cette première cuisson, qui doit être suffisamment prolongée pour que la viande soit bouillie à cœur, a pour résultat de faire perdre à la viande une partie de son eau de constitution. Cette cuisson ne devra pas être pratiquée à une température supérieure à 102 ou 103 degrés. Elle pourra d'ailleurs être effectuée, soit à l'eau, soit à la vapeur. Dans la dernière hypothèse, la vapeur ne devra en aucun cas provenir directement des chaudières.

Après la cuisson, les viandes seront égouttées sur des claies métalliques et refroidies dans une salle fraîche, constamment propre et bien ventilée.

Les viandes, une fois refroidies, sont soumises à une revision et à un nouveau parage avant d'être mises en boîtes. Ce nouveau parage doit être très soigné, l'insuffisance manifeste de parage pouvant être une cause de refus lors de la livraison de la fourniture. L'emploi d'une presse à main pour l'emboîtage est obligatoire; la partie de la presse qui pénètre dans la boîte devra être en métal et démontable, de façon à pouvoir être facilement stérilisée (à la flamme, par exemple).

§ 9. — Assaisonnement des conserves.

La viande blanchie sera additionnée d'un mélange comportant par quintal de conserves, savoir :

Sel.	950 grammes.
Poivre en grains.	40 —
Clous de girofle.	10 —
Total.	1.000 grammes.

Le sel doit être du sel raffiné, ou du gros sel préalablement pulvérisé; les épices sont très finement broyées dans un moulin, puis mélangées bien intimement avec le sel; chaque boîte est séparément additionnée de ce mélange, dit « sel épicé ». Les quantités nécessaires sont jaugées au moyen de petites mesures dont la capacité soit telle qu'elle corresponde à une quantité de sel épicé pesant précisément le poids total afférent à chaque type de boîtes (10 grammes par kilogramme).

En renversant cette mesure, on saupoudre le sel épicé à la surface de la viande en s'efforçant de l'y répartir uniformément.

On peut employer, pour l'addition du sel épicé, tout autre procédé capable d'en assurer d'une manière satisfaisante la répartition presque uniforme dans toute la masse de la boîte terminée. Par exemple, on pourrait verser le sel épicé sur la viande blanchie dans le récipient où celle-ci vient d'être pesée, bien mélanger à la main et introduire ensuite dans la boîte.

En tout cas, l'assaisonnement doit être pratiqué avant le jutage des boîtes.

§ 10. — Concentration du bouillon.

Le bouillon provenant du blanchîment ou le jus rendu par la viande pendant cette opération est écumé et dégraissé, puis concentré par évaporation, de telle façon que la totalité de ce bouillon ou de ce jus, complètement dégraissé et filtré, trouve place dans les boîtes en même temps que la viande blanchie.

Afin de donner plus de consistance à la gelée, il est permis d'ajouter au bouillon de blanchîment concentré le produit de la cuisson dans l'eau des parties tendineuses éliminées de la viande. (On tolérera que cette cuisson se pratique à l'autoclave sous pression.) La gélatine tirée des os et des pieds ne doit pas entrer dans la fabrication de la conserve.

La densité du bouillon de jutage gélatinisé par addition de bouillon tendineux devra être au minimum de 1,051, soit 7° Baumé, à la température de 15°.

Afin de pouvoir procéder sans retard au bouillonnage des boîtes fabriquées au commencement de la journée, les entrepreneurs pourront être autorisés à conserver du bouillon concentré de la veille. Dans ce cas, ce bouillon devra être maintenu, recouvert d'une légère couche de graisse, à une température de 50° au minimum ou être refroidi rapidement et maintenu à la température de 0°.

§ 11. — Jutage ou bouillonnage.

Le bouillon de jutage (mélange du bouillon de blanchîment concentré et du bouillon tendineux) est alors soigneusement introduit dans les boîtes en évitant qu'il ne se répande sur les couvercles. Les boîtes doivent d'ailleurs être remplies aussi complètement que possible.

Les boîtes, une fois remplies, sont définitivement fermées, puis éprouvées au point de vue de leur étanchéité dans un bain d'eau à 80 degrés.

§ 12. — Cuisson définitive.

Les boîtes sont ensuite stérilisées à l'autoclave dans les conditions spécifiées ci-dessous et examinées ensuite à nouveau au point de vue de l'étanchéité, soit au bain d'eau à 80 degrés, soit par tout autre procédé probant; cette dernière épreuve peut se pratiquer aussitôt après la sortie de l'autoclave, ou ultérieurement.

Toutes les opérations de la mise en boîtes, de la fermeture, de l'épreuve d'étanchéité et de la stérilisation doivent se succéder sans interruption au cours de la même journée; en aucun cas, il ne s'écoulera pas plus de six heures entre la fin du blanchîment et la stérilisation des boîtes. Il importe d'ailleurs de réduire le plus possible cette durée pour éviter tout commencement d'avarie : toute trace d'altération constatée sur les boîtes livrées entraînerait, en effet, le rejet du lot.

Dans le même but, on pratiquera avantageusement les opérations de parage, d'emboîtage et de jutage (et on déposera les boîte fermées, si elles doivent attendre un peu, avant d'être placées dans l'autoclave) dans un local séparé de celui où se trouvent les bassines de blanchîment, les autoclaves, les bains d'épreuve et, d'une manière générale, tous appareils capables d'élever la température de la pièce où ils se trouvent. D'ailleurs, la température existant dans le voisinage des tables de parage et d'emboîtage sera relevée sur un thermomètre que le fabricant devra faire placer à cet effet.

§ 13. — Stérilisation.

La stérilisation sera pratiquée dans des autoclaves que l'on devra entièrement remplir d'eau et qui seront maintenus à une température de 120 degrés pendant une heure et demie pour les boîtes de 300 grammes.

Ce laps de temps sera décompté à partir du moment où la température de 120° a été atteinte.

Pendant toute l'opération, il devra y avoir un léger échappement de vapeur par un robinet ou une soupape *ad hoc*, de telle sorte que l'autoclave soit entièrement privé d'air. Cette prescription est de la plus haute importance, car si l'air n'est pas entièrement chassé, la température réellement atteinte dans l'autoclave lorsque le manomètre indiquera un kilogramme de surcharge, ne sera pas de 120°, mais peut descendre jusqu'à 110°. Par suite, la stérilisation ne serait pas assurée.

Chaque autoclave devra être pourvu d'un thermomanomètre enregistreur inscrivant la courbe thermique de chaque opération. Cet appareil sera fermé à clef et scellé par un cachet que, seul, le sous-intendant militaire ou son délégué pourra rompre.

Le thermomanomètre enregistreur devra marcher pendant sept jours au moins. Une longueur de 1 centimètre au minimum devra correspondre, sur le graphique de cet appareil, à la durée complète d'une stérilisation à l'autoclave et une hauteur de 3 centimètres au minimum devra séparer l'horizontale de 120° (1 kilogramme d'excès de pression) de celle de 100° (0 kilogramme).

Los graphiques, cotés et paraphés par le sous-intendant militaire, seront présentés à son visa après chaque semaine. Il pourra inscrire sur ces graphiques les observations critiques auxquelles aurait donné lieu la marche des stérilisations.

Il est recommandé de contrôler souvent l'exactitude des indications du thermomanomètre au moyen de thermomètres à maxima (1).

Cette vérification devra être pratiquée de concert avec l'entrepreneur au moins une fois par autoclave et par semaine et, autant que possible, le jour où l'on renouvelle les graphiques. Une mention des résultats sera portée sur ces graphiques et signée de l'officier d'administration et de l'entrepreneur, avant présentation au visa du sous-intendant.

Il est expressément recommandé, à l'issue de la stérilisation, de ne lâcher la vapeur qu'avec les plus grandes précautions et jamais avant que le thermomanomètre ne soit descendu à 105°, pour éviter le plissement des fonds.

Le fabricant pourra rechercher les boîtes fuitées après stérilisation par tel procédé qu'il jugera convenable.

Le remploi du contenu des boîtes fuitées est autorisé, à condition qu'il ait lieu le même jour et que ce contenu soit réparti par petites fractions dans la viande blanchie consacrée à la fabrication.

Les nombre de boîtes fuitées sera indiqué sur le registre de fabrication.

§ 14. — Poids de la conserve.

Le poids normal total net des boîtes de conserves est de 300 grammes, le poids partiel normal de la viande étant de quatre cinquièmes, soit 240 grammes, et celui du bouillon et de la graisse cumulés d'un cinquième, soit 60 grammes.

§ 15. — Qualité de la conserve.

Les conserves doivent avoir bonne odeur, bon goût, bon aspect, et réunir toutes les conditions d'un aliment sain, digestible et nutritif.

Le bœuf assaisonné contient, ainsi qu'il est dit plus haut, du

---

(1) La fourniture des thermomètres incombe à l'entrepreneur; il y en aura deux par usine. Ces thermomètres devront être soumis à l'acceptation de l'administration.

Il en sera de même du thermomètre destiné à la salle d'emboîtage.

sel et des épices, mais sans addition d'aucune matière colorante étrangère, ni d'aucun antiseptique.

La viande doit être cuite à point, sans exagération, et de telle sorte que l'on puisse, à l'état froid, séparer les uns des autres, sans les déchiqueter, les morceaux extraits d'une boîte ouverte et vidée comme il est dit à la notice C.

Après sa prise en gelée, le bouillon ne doit entrer en liquéfaction qu'à une température supérieure à 15° centigrades.

Le bouillon à l'état liquide ou pris en gelée doit être clair et de couleur ambrée plus ou moins foncée. Quand ce bouillon liquide ou pris en gelée est trouble, noirâtre ou rougeâtre, cet aspect pouvant être l'indice d'une fabrication peu soignée, la conserve doit être examinée avec soin avant la réception.

Les conserves doivent être rigoureusement stérilisées, c'est-à-dire ne contenir aucun germe revivifiable.

De plus, la viande ne doit présenter aucune trace d'altération survenue au cours de la fabrication par le fait des germes microbiens qui auraient pu s'y développer.

§ 16. — **Récipients.**

Les conserves de viande seront enfermées dans des boîtes cylindriques, d'un diamètre intérieur de 86^{mm} et d'un cube maximum utile de 325 centimètres cubes.

En principe, l'épaisseur du fer blanc de ces boîtes variera de 24 à 40 centièmes de millimètre, celle du fer-blanc des fonds n'étant pas inférieure à 26 centièmes de millimètre.

Le fût sera monté soit par agrafage et contresoudage, soit par juxtaposition des bords.

Le couvercle des boîtes comportera pour le versage du bouillon une petite ouverture qui, après remplissage de la boîte, sera fermée par une capsule, dont les bords sont soudés à plat dans une petite rigole circulaire.

Les couvercles seront sertis et contresoudés, soit à la main, soit mécaniquement ou simplement sertis avec interposition de joints en liège ou en caoutchouc.

La fourniture des joints de liège ou de caoutchouc incombe à l'administration; dans tous les cas, la fermeture des boîtes incombe à l'entrepreneur.

Les couvercles livrés à l'entrepreneur mentionneront la nature de la denrée, le poids net de la boîte et l'année. Il appartiendra au fournisseur d'y faire estamper, en sus, dans ses ateliers, le quantième du jour et du mois (en chiffres) et un signe conventionnel fixé par le sous-intendant, caractérisant l'usine de fabrication.

§ 17. — Emballage.

Les conserves seront livrées et renfermées dans des caisses à dessus vissé, fournies par l'administration et susceptibles de contenir 150 boîtes, réparties en 5 couches de 30. L'entrepreneur procède à l'emballage et à la fermeture et fournit les matériaux nécessaires à cet effet.

Les vis sont au nombre de six, disposées comme suit : deux à chaque extrémité et une sur chaque long côté.

Pour éviter le choc des boîtes entre elles, elles seront arrimées avec des bandes de carton ou de papier suffisamment fort pour les isoler les unes des autres et éviter tout frottement entre les bourrelets.

L'entrepreneur fait apposer sur un des côtés de chaque caisse une inscription indélébile indiquant : la nature et l'usine d'origine des conserves, leur type, le nombre et le poids total des boîtes, le poids brut total, le jour, le mois et l'année de fabrication, et enfin le signe conventionnel spécial à l'usine.

NOTICE B

Sur les précautions spéciales prescrites pour une fabrication effectuée pendant la période comprise entre le 1er mai et le 30 septembre.

En cas de fabrication pendant la saison chaude (du 1er mai au 30 septembre), les prescriptions édictées précédemment pour la saison froide (du 1er octobre au 30 avril) seront complétées ou modifiées comme il suit :

Toutes les ouvertures, baies, fenêtres non vitrées, seront pourvues d'un treillage métallique suffisamment serré pour empêcher toute intrusion de mouches à l'intérieur des ateliers de fabrication.

Tous les foyers de contamination (écuries, déchets, fumiers...) extérieurs aux locaux de fabrication devront être désinfectés chaque jour à l'aide du chlorure de chaux.

En principe, l'abatage se fera la nuit. En tout cas, il ne devra pas commencer avant dix-huit heures. La durée du ressuage ne devra jamais être supérieure à douze heures. Toute la viande devra être introduite dans les cuves de blanchîment avant midi.

L'intervalle compris entre la fin du blanchîment et le commencement de la stérilisation n'excédera jamais trois heures.

Les opérations d'emboîtage, de jutage et de parage devront être pratiquées dans un local éloigné de tous les appareils producteurs de chaleur (bassines, autoclaves, bain d'étanchéité...).

Si, toutefois, l'usine dispose des aménagements frigorifiques nécessaires, aucune dérogation aux principes admis pour l'abatage et la manipulation des viandes pendant la saison froide n'est utile, aussi longtemps que, grâce à ces aménagements, la température des salles de ressuage, de désossage, de découpage et de parage ne dépasse pas 20°.

NOTICE C

Sur le mode de réception de la conserve de viande.

---

§ 18. — **Nombre de boîtes à examiner.**

Les épreuves s'appliquent à la totalité des boîtes du même modèle fabriquées au cours d'une ou de plusieurs journées, et à un minimum de 50 quintaux de conserves.

Les boîtes à prélever pour toutes les épreuves auxquelles une livraison est soumise sont choisies par la commission jusqu'à concurrence de 1 p. 100 au maximum du poids total estampé de la livraison examinée.

Ces épreuves visent les différents points spécifiés à l'article 11, notamment la détermination du poids des éléments constitutifs de la conserve.

§ 19. — **Détermination du poids des éléments constitutifs par kilogramme de conserves.**

Les épreuves y relatives s'effectueront sur un nombre de boîtes représentant un poids maximum de 0,5 p. 100 du poids total de la livraison examinée.

Les boîtes consacrées à cet objet seront réunies par groupes de 30 (représentant 9 kilogrammes de poids estampés à raison de 300 grammes par boîte). Chacun de ces groupes fera l'objet d'un examen général.

On constitue avec ces 30 boîtes cinq lots de 6 boîtes, auxquels on fait subir les épreuves suivantes.

On pèse les 6 boîtes pleines au gramme près, puis on les

ouvre en pratiquant l'incision du corps au-dessous du couvercle; on retire le contenu de chaque boîte en perçant, s'il y a lieu, un trou au centre du fond de la boîte et on expulse, en soufflant par ce trou, le bloc de la viande qui est reçu dans une assiette; on réunit de la sorte le contenu des 6 boîtes.

On sépare alors à la main, sans les briser, les morceaux de viande, et on place tout le contenu de l'assiette dans une passoire tarée, du modèle adopté par le ministère de la guerre. La passoire, fermée de son couvercle, est ensuite plongée dans un seau métallique d'un modèle également déterminé, contenant 20 litres d'eau à la température de 60 degrés au moment de l'immersion. Elle y est laissée cinq minutes, puis retirée et mise à égoutter au-dessus du seau, appuyée sur un croisillon mobile; après trois minutes, la passoire est placée sur le plateau d'une balance, et le poids de la viande est établi par la différence entre la tare de la passoire et le poids trouvé.

Cette opération, successivement répétée (1) sur chacun des cinq lots, permet de déterminer le poids d'ordre de la viande; ce poids d'ordre est calculé en inscrivant pour leur valeur réelle les poids trouvés lors de chaque opération, sauf les poids supérieurs à 1.512 grammes, lesquels ne seront inscrits que pour ce nombre (2).

Puis on fera l'addition de ces inscriptions et on divisera par 9 afin d'exprimer le résultat par rapport à 1 kilogramme de conserve.

---

(1) Il est nécessaire de réchauffer l'eau du bain après chaque dosage. A cet effet on soutire, par le robinet placé à la base du seau, une certaine quantité d'eau que l'on remplace par de l'eau bouillante. Le niveau du bain doit être maintenu constant à la hauteur du trait marqué à l'intérieur du seau.

Il est également nécessaire de plonger la passoire dans l'eau très chaude après chaque dosage, et de bien l'essuyer avant l'opération suivante, afin que sa tare ne soit pas modifiée par les graisses adhérentes.

(2) Par le fait, on comptera la viande jusqu'à concurrence du poids normal majoré de 4 p. 100 du poids estampé. Le poids normal de viande de six boîtes de 300 grammes étant de $240 \times 6 = 1.440$, et le poids estampé de ces six boîtes étant de $300 \times 6 = 1.800$ grammes, la majoration de 4 p. 100 admise est de 72. On comptera la viande jusqu'à concurrence de $1.440 + 72 = 1.512$.

Exemple :

1er lot, poids réel de la viande 1.480, inscrit pour 1.480
2e —   —   1.530   —   1.512
3e —   —   1.423   —   1.423
4e —   —   1.442   —   1.442
5e —   —   1.470   —   1.470

7.345   —   7.327

Le poids d'ordre de la viande pour 1 kilogramme de conserve est donc de $\dfrac{7.327}{9} = 814$.

Quant à la détermination du poids de la graisse et du bouillon, elle s'obtiendra par la différence entre le poids brut des 30 boîtes et le poids réel de la viande, augmenté de celui des récipients vides.

On divisera le total par neuf, au millième près, pour établir le poids moyen de bouillon et de graisse par kilogramme de conserves. Quel que soit son poids, ce poids moyen de bouillon et de graisse ne sera jamais décompté pour plus de 200 grammes.

Exemple :

Poids brut des 30 boîtes pleines...................... 12.700
Poids réel de la viande................. 7.345 ⎫
Poids des récipients vides............... 3.510 ⎭ 10.855
Poids cumulé de la graisse et du bouillon.......... 1.845
Poids moyen par kilogr. de conserves, $\dfrac{1.845}{9} = 205$

grammes, inscrits pour............................... 200

§ 20. — Règles d'établissement des décomptes.

Le décompte se fera séparément pour chaque lot examiné. Il est bien entendu, en effet, qu'il n'y aura, en aucun cas, à considérer l'ensemble des livraisons pour établir des moyennes dans la fourniture.

Les divers poids d'ordre de la denrée seront donc calculés dans les conditions ci-dessus indiquées pour chaque lot éprouvé.

Ces poids d'ordre une fois déterminés, et pour établir le décompte, on additionnera les poids d'ordre, définitivement rectifiés, s'il y a lieu, de la viande d'une part, et du bouillon et de la graisse d'autre part (le tout par kilogramme de conserves) :

Si le total obtenu est égal ou supérieur à 1 kilogramme, la fourniture, qui devra toujours et dans tous les cas être prise en charge pour les poids mêmes estampés sur les boîtes, sera payée sur la base du prix porté au marché, sans modification.

Si le total est inférieur à 950 grammes (1), la graisse et le bouillon n'étant jamais décomptés pour plus de 200 grammes, la fourniture sera prise en charge pour les poids estampés sur les boîtes, mais l'entrepreneur subira l'imputation prévue par l'article 14 du cahier des charges.

§ 21. — Exemples de décomptes.

1° ACCEPTATION AU PRIX DU MARCHÉ.

1er exemple.

Poids d'ordre de la viande...............................	770
Poids moyen du bouillon et de la graisse, 185; inscrit pour..	185
Total..	935

2e exemple.

Poids d'ordre de la viande...............................	810
Poids moyen du bouillon et de la graisse, 205; inscrit pour..	200
Total..	1.010

2° ACCEPTATION AVEC IMPUTATION.

1er exemple.

Poids d'ordre de la viande...............................	745
Poids moyen du bouillon et de la graisse, 210; inscrit pour..	200
Total..	945

---

(1) Correspondant à un poids minimum de 225 grammes de viande par boîte estampée à 300 grammes.

En ce cas, le quintal ne contient que 94 k. 500 de conserves, l'entrepreneur subit une imputation par quintal de 5 fr. 50.

2e exemple.

Poids d'ordre de la viande........................... 780
Poids moyen de la graisse et du bouillon, 160; inscrit
pour. 160

Total............................ 940

Le quintal ne représente que 94 kilogrammes de conserves, l'entrepreneur subit une imputation de 6 francs par quintal.

ANNEXE

Modèle des Registres

I. — REGISTRE D'IMMATRICULATION DU BÉTAIL.

DATE	NUMÉRO	SEXE.	POIDS	DATE	DATE	POIDS DE VIANDE EN QUARTIERS (APRÈS RESSUAGE)		OBSERVATIONS.	ÉMARGEMENTS.
DE LA REMISE à l'entrepreneur.	MATRICULE de l'animal.		VIF.	ET HEURE de l'abat.	ET HEURE de la pesée de la viande.	Utilisable à la fabrication.	Reconnue impropre à la fabrication après l'abat.		
1	2	3	4	5	6	7	8	9.	10
	REPORT...							(Exposer les motifs qui ont interdit l'emploi de la viande de tel ou tel animal, la réduction de poids admise pour insuffisance de ressuage, si la viande a dû être employée avant ressuage complet.)	
	TOTAL...								

II. — CARNET DE FABRICATION PORTANT COMPTE D'EMPLOI DE LA VIANDE.

DATE de la FABRICA-TION.	POIDS DE LA VIANDE EN QUARTIERS		POIDS des déchets de 1er parage.	POIDS de la viande mise au blanchiment.	POIDS des déchets de 2e parage.	NOMBRE DE BOITES PRÉPARÉES		POIDS ou quintaux de conserves fabriquées.	RENDE-MENT.	OBSER-VATIONS.	ÉMAR-GEMENTS.
	perdue par la faute de l'entrepreneur.	utilisée à la fabrication.				reconnues étanches.	reconnues fuitées.				
1	2	3	4	5	6	7	8	9	10	11	12
REPORT.	A	A						B	D.	C.	
TOTAL...											

Notas. — A. — Le total des colonnes 2 et 3 doit coïncider avec celui de la colonne 7 du registre d'immatriculation du bétail.

B. — Produit du nombre de boîtes reconnues étanches par leur poids estampé.

C. — Signaler les motifs de l'insuffisance de la production journalière (colonne 9) par rapport au minimum exigé, le nombre de boîtes fuitées, etc.

D. — Quotient de la division du chiffre de la colonne 3 par celui de la colonne 9.

OBSERVATIONS GÉNÉRALES.

Le service local prescrit le modèle à attribuer aux comptes d'emplois des caisses d'emballage, des boîtes de conserves, de l'étain remis à l'entrepreneur. Ces comptes d'emploi comme le registre d'immatriculation et le carnet de fabrication sont cotés et paraphés par le sous-intendant militaire; les grattages y sont interdits, les ratures doivent en être approuvées. Ils sont émargés contradictoirement à l'issue de chaque journée ayant donné lieu à inscription par le vétérinaire ou l'officier d'administration et par l'entrepreneur. Leur contexture doit permettre un rapprochement rapide entre le matériel reçu, celui déjà employé et celui restant en magasin.

CHARLES-LAVAUZELLE ET C⁰. — PARIS, LIMOGES, NANCY.

Imprimerie militaire
CHARLES-LAVAUZELLE & Cie
PARIS, LIMOGES, NANCY

www.ingramcontent.com/pod-product-compliance
Lightning Source LLC
LaVergne TN
LVHW020103070726
842525LV00018B/1720